V

(C.

EXAMEN
DU
SALON DE 1834.

IMPRIMERIE ET FONDERIE DE FAIN,
RUE RACINE, N°. 4, PLACE DE L'ODÉON.

EXAMEN

DU

SALON DE 1834,

Par A. D. VERGNAUD,

ANCIEN ÉLÈVE DE L'ÉCOLE POLYTECHNIQUE, AUTEUR DE
L'EXAMEN DU SALON DE 1827.

« Rien n'est beau que le vrai. »

PARIS.

DELAUNAY, LIBRAIRE, PALAIS-ROYAL;
A LA LIBRAIRIE ENCYCLOPÉDIQUE DE RORET,
RUE HAUTEFEUILLE, AU COIN DE LA RUE DU BATTOIR.

M. DCCC. XXXIV.

LISTE ALPHABÉTIQUE

DES ARTISTES DONT LES OUVRAGES SONT CITÉS DANS CE VOLUME.

	Pag.		Pag.
Aligny	23	Delacroix	15
Amaury-Duval	21	Delaroche	9
André	31	Destouches	46
Beaume	42	Dubois (F.)	57
Beauplan	37	Dubois-Drahonet	50
Bellangé	55	Dubufe	51
Bertin (E)	22	Ducornet	53
Bertin (V)	Id.	Dupré (J.)	31
Biet (Melle.)	14	Empis	40
Blondel	44	Flers	31
Bodinier	23	Fleury (L.)	51
Bonnefond	24	Fleury (Robert)	19
Bouton	54	Forvétu	23
Bruloff	44	Fradel (De)	56
Brune (A.)	14	Garnerey (L.)	46
Brune (M^e.)	Id.	Gérard (Melle.)	12
Cabat	31	Gigoux	Id.
Casati	32	Giraud	12
Champmartin	26	Giroux (A.)	40
Chantereine (Mme.)	56	Goureau (C.)	33
Cibot	13	Granet	34
Clérian	27	Grenier	35
Coignet (J.)	47	Gudin	36
Colin (A.)	29	Gué	19
Constantin	47	Hesse	24
Corot	23	Ingres	17
Courtin	47	Isabey (père)	57
Dagnan	20	Isabey (fils)	32
Daguerre	18	Johannot (A.)	16
Dandiran	47	Johannot (T.)	Id.
Dauzats	53	Jolivard	19
De Bez	50	Jollivet	30
Decaisne	43	Kinson	26
Decamps	27	Larivière	24

	Pag.		Pag.
Léoménil (Mme. de, née Gérard).	12	Rémond.	47
Lépaulle.	58	Renoux.	53
Lepoittevin.	32	Ronjon.	49
Malbranche.	48	Roqueplan.	38
Mauzaisse.	55	Rouget.	43
Mercey (Frédéric).	51	Rouillard.	25
Meuret.	56	Saint.	56
Mirbel (Mme. Lérica de).	Id.	Sarazin de Belmont. (Melle.).	39
Montvoisin.	30	Sheffer (A.).	41
Mozin.	32	Scheffer (H.).	43
Pérignon.	25	Shnetz.	44
Perlet.	48	Signol.	49
Perrot (F.).	34	Steuben.	57
Picot.	43	Tanneur.	40
Pigal.	11	Tuite.	34
Ramelet.	37	Vernet (Horace).	38
Redouté.	56	Ziegler.	58

EXAMEN

DU

SALON DE 1834.

Nous demandions au public, dans l'examen que nous avons fait du Salon de 1827, d'aller lui-même, et *par ses yeux*, juger la critique motivée et consciencieuse que nous lui soumettions : nous le lui demandons encore en 1834 ; car ce n'est ni le nom du peintre, ni les conventions d'ateliers, ni les clameurs des coteries qu'il faut écouter, c'est le tableau qu'il faut regarder, sans aucun préjugé, sans oublier surtout, pour bien voir, que le beau idéal lui-même, loin d'être un mensonge contre nature, est toujours l'imitation la plus fidèle et la plus expressive de la nature la plus parfaite.

Nous demandions au gouvernement, en 1827, de remplacer le jury d'admission au vote secret, par un jury électif de classement dont les choix fussent patens : nous le demandons encore en 1834; car, dans l'intérêt même des beaux-arts, aucun artiste ne doit être soustrait au jugement solennel qu'il sollicite en envoyant un tableau à une exposition publique. Que le jury classe les œuvres, qu'il désigne des places réservées, dans le grand salon, à celles qu'il croira dignes d'encouragement : le public jugera en dernier ressort. Qu'un peintre ne puisse avoir plus de deux ou trois tableaux à une exposition, et l'étalage ambitieux de trente toiles peintes de la même main disparaîtra. Le Louvre sera bien assez grand alors pour que les chefs-d'œuvre anciens puissent rester visibles et nous donner, par comparaison, une idée positive des progrès ou de la décadence de l'art.

Nous disions enfin, en 1827 : « C'est de la nature » et de l'inspiration, qui est aussi une vérité de na-» ture, que l'on doit prendre conseil avant tout, » quand on aspire, en cultivant les beaux-arts, à » conquérir ce nom d'artiste malheureusement trop » prodigué de nos jours et dont on ne sent pas assez » toute la dignité. Dès qu'un peintre abdique son » talent et l'imitation de la nature pour se traîner sur » les traces d'un autre peintre, il cesse d'être artiste » pour devenir un imitateur : et que deviendraient » donc les beaux-arts, qui ne sont pas plus station-» naires que l'âge et les moyens de ceux qui les cul-» tivent, si les *chefs d'école* tombaient au-dessous » d'eux-mêmes? N'a-t-on pas vu de tout temps, et » ne voyons-nous pas de nos jours, plus que jamais,

» des noms célèbres signer des ouvrages au-dessous
» du médiocre, et des œuvres remarquables faire
» connaître des noms jusqu'alors ignorés? Comment
» s'abuser au point de croire que la liberté puisse
» être exclue de ce qu'il y a de plus nativement libre
» au monde, les beaux-arts, et qu'une couronne aca-
» démique puisse être un brevet de talent? »

Nous le répétons hautement en 1834, et cette fois avec l'espérance fondée que nos artistes, abandonnant *le mensonge*, classique ou romantique, pour revenir à la *vérité* d'une belle nature, nos dessinateurs voudront devenir coloristes, et nos coloristes dessinateurs.

M. DELAROCHE.

503. — *Jane Gray*.

Agenouillée sur un coussin de velours vert, Jane n'ayant plus qu'un dessous de satin blanc, les yeux bandés, les épaules affaissées et contractées par la douleur, les bras tombant, paraît chercher de la main gauche le fatal billot; un homme âgé, sir Bruge, à sa gauche, près d'elle, se courbe les yeux baissés; plus loin, du même côté, le bourreau debout, les yeux baissés, tient sa hache à terre, en repos : à la droite de Jane, une femme en velours vert se colle les bras étendus, cachant sa figure contre un pilier; une autre femme s'accroupit, évanouie, les yeux fermés, la tête en arrière, les mains sur les vêtemens dont Jane sans doute vient d'être dépouillée.

Cette composition a de l'ensemble; dessin, couleur, tout s'agence, tout s'harmonise convenablement et tend à l'effet général, sans lignes heurtées, sans tons criards. C'est un mérite si rare au salon, que nous le signalerons avec plaisir partout où nous le rencontrerons.

Il y a dans ce tableau des qualités réelles de dessin, de couleur et d'entente de composition, qui nous font espérer que l'auteur nous saura gré de quelques observations; elles ont pour but de l'empêcher de broncher dans la bonne route où il a fait un progrès sensible, en évitant le dévergondage à la mode.

Il y a plus d'abandon que de noblesse et de résignation douloureuse dans Jane, excepté toutefois la tête et les épaules qui sont remarquablement bien; les bras sont dépareillés, d'un dessin bien lâché, sans modelé. Le geste de la femme qui se plaque contre le pilier est à la fois théâtral et commun; la femme qui s'accroupit, évanouie, a des chairs grises, les mains surtout: en général le ton des chairs n'est pas nature, quoiqu'il ne soit pas tout-à-fait convention non plus; enfin c'est une *puérilité*, et non un *éclair de génie*, d'avoir aveuglé tous les personnages, parce que Jane a les yeux bandés. Nous passerons sous silence le manque de spectateurs pour une exécution publique, les bouts seuls des hallebardes indiquant les gardes; le billot tellement rapproché du coussin, que Jane n'y peut être exécutée sans se reculer; la perspective défectueuse des fonds, car il y a, nous nous plaisons à le répéter, de la douleur dans la scène. Nous observerons au reste que l'effet satisfaisant de l'ensemble dissimule ces fautes de détail que nous n'eussions peut-être pas relevées, si nous ne craignions pour M. Delaroche les louanges empoisonneuses de ces littérateurs qui ont failli replonger la peinture française dans le chaos de leur prose métaphysico-romantique.

504. — *Sainte Amélie.*

M'a paru le pastiche bien exécuté d'anciens vitraux.

505. — *Galilée.*

Dans ce charmant petit tableau, le bras et la main me semblent mieux que la tête; il y a quelque sécheresse, quelque roideur de dessin et un peu de convention dans la couleur; l'harmonie d'ensemble et la vigueur d'exécution en sont les qualités remarquables.

PIGAL.

1540. — *Le retour de la Guinguette.*

Heureusement les lithographies de M. Pigal et son n°. 1541, *jeune femme expirant dans les bras de ses parens,* valent cent mille fois mieux que cette désolante enluminure sur laquelle nous aurions gardé le silence, sans les éloges ridicules qu'on lui a donnés; ce n'est pas là de la peinture, ce n'est même pas une caricature; c'est un mauvais calembourg avec explication et figure.

GIGOUX.

836. — *St.-Lambert et Mme. d'Houdetot.*

Nous ne parlons de cette peinture pastiche de la convention Watteau, que pour faire envisager combien est prompte la décadence de l'art, dès qu'il s'éloigne effrontément de toute vérité de nature.

Nous croyons inutile de citer plusieurs autres pastiches Watteau tels que les n°s. 1527 et 35, qui n'ont pu être accrochés çà et là dans la grande galerie, qu'après leur admission par le jury.

GIRAUX, GÉRARD (Mlle.), LÉOMÉNIL (Mme. Gérard).

855, 821 à 829, 1224 à 1229.

855. *Portraits au pastel, même numéro.*

Voyons au contraire, dans ces portraits généralement bien, tout le parti qu'on peut tirer, même du pastel, en travaillant d'après nature. Nous en dirons autant des pastels 826 à 828 de Mlle. Gérard, 1226 à 1229 et 1905 de Mme. Léoménil Gérard, en avertissant toutefois Mlle. Gérard que sa peinture à l'huile 821 à 824, est bien loin de valoir ses pastels.

CIBOT.

329.

Un homme âgé repose sur un canapé. Ensemble et détails, dessin et couleur, tout contribue à l'effet général de ce charmant tableau-portrait, que l'on voyait d'abord dans la première travée, à droite, de la grande galerie, et qui maintenant est relégué dans l'une des dernières travées à gauche, où je n'ai pu trouver d'autres portraits que le livret indique sous le même numéro. Il y a de la bonhomie, du naturel, de la vérité dans la pose du modèle, dans le ton des chairs; dans le vêtement, dans l'ameublement; tout est franchement accusé, étudié avec naïveté, et rendu d'une manière heureuse, vraie et pleine de vie.

C'est avec bien de la peine que dans le n°. 328 du même artiste, les *Beignets*, *Louis XV* et *mademoiselle d'Humières*, je n'ai vu qu'une scène maniérée, un coloris de convention, triste ensemble d'un mensonge que trahissent pourtant encore çà et là une certaine vigueur de coloris et quelques vérités de détail.

BRUNE (Mme.), BRUNE (A.).

257, 233 et 234.

237. — *Études de jeunes filles, même numéro.*

Dans l'une de ces études, celle qui se trouve dans une bordure étroite en bois, où l'enfant nu tient un polichinelle, il y a des tons fins, un modelé, de la grâce, qui nous l'ont fait remarquer en désirant plus de naïveté et moins de couleur conventionnelle dans l'autre.

Dans toutes deux cependant il y a un sentiment d'harmonie qui nous a d'autant plus frappé que deux paysages 233, 234, sous ce même nom Brune, ont de ces tons violets et criards qui blessent les yeux les plus habitués au *décor* ou *désaccord*, comme on voudra, des papiers de tenture.

BIET (Mlle.).

131, 132.

Puisque nous parlons des dames, disons aussi qu'il y a quelque espérance dans le coin gauche du n°. 131 et dans l'ensemble du portrait 132, placé d'ailleurs trop haut dans la galerie, pour que nous ayons pu l'examiner, ainsi que le n°. 131 nous en avait donné l'envie.

DELACROIX.

494 à 498.

494. — *Bataille de Nancy, mort du duc de Bourgogne, Charles le Téméraire, le 5 janvier 1477.*

Le duc, aigri par ses derniers désastres, livre cette bataille contre toute prudence, ayant la neige à la figure, et par un temps glacé qui fit la perte de sa cavalerie. Lui-même, embourbé dans un étang, fut tué par un chevalier lorrain, au moment où il s'efforçait d'en sortir.

C'est à dessein que j'ai transcrit cette prose du livret, et je suis fâché qu'en la rédigeant M. Delacroix n'ait pas vu sur sa toile qu'à lui aussi, sa bataille était perdue par sa faute, par de mauvais chevaux estropiés, dans un pays plus qu'étrange, sous un ciel impossible, par une incroyable saleté de couleur et par un dessin incorrect à plaisir.

Le n°. 497, *Femmes d'Alger dans leur appartement*, prouve heureusement, par les détails cependant plutôt que par l'ensemble, que M. Delacroix peut revenir à l'imitation de la nature ; je l'y engage plus encore pour lui que pour la peinture française, qui se débarrasse décidément de la convention classique ou romantique. Je ne sais de quelle espèce de convention peut être le n°. 495, *Intérieur d'un couvent de Dominicains.*

JOHANNOT (A.), JOHANNOT (T.).

1030 à 1034.

1030. — *François I*^{er}. *et Charles V.*

Cette pochade incorrecte, aussi lâchée de dessin que de couleur, l'est moins encore que la *mort de Duguesclin*, 1034; c'est avec une pareille débauche de pinceau et une prétention aussi déplacée à l'effet, sans aucune étude consciencieuse, que l'on tombe, de convention en convention, du médiocre au pis.

FLEURY (Robert).

724 à 728.

La Procession de la Ligue, n°. 724, a de la chaleur de composition; le moine qui marche en avant avec la croix a la pose convenable; quelques autres poses sont tourmentées, mais en général elles ont du mouvement; malheureusement les chairs et les habits sont d'une couleur bois uniforme. Les enfans gardant du gibier, 725, sont un joli tableau. L'aquarelle 727 est bien aussi, et le peintre qui l'a faite devrait trouver, s'il le voulait, des tons de peinture à l'huile vrais et naturels.

INGRES.

998. — *Le Martyre de saint Simphorien.*

Entré dans le salon, en face d'une grande toile grise et terne, tableau sans ensemble, sans perspective, sans vérité de nature, sans harmonie de dessin et de couleur, mêlée confuse de personnages disloqués que je me rappelais avoir tous vus en Italie, dans des peintures pleines de chaleur et de vie; je m'affligeais de ce pastiche des grands maîtres et je l'attribuais à quelque maladroit élève, outrant les défauts habituels du dessin microscopique et prétentieux de l'école où l'on *Ingrésie* Albert Durer, le Pérugin et Raphaël. Je me demandais pourquoi le saint grimaçait prétentieusement de sa bouche de travers, pourquoi le licteur avait la clavicule déboîtée, comment il se pouvait que la mère du saint eût la tête et les bras si près quand le mur au-dessus duquel elle gesticule est si loin; comment les bras de la femme tenant un enfant s'étaient assez prodigieusement enflés pour devenir aussi gros que sa tête, à quel éléphant appartenait un pied énorme qui se fait jour à travers un amas de jambes des seconds plans; comment se rapportaient à leurs corps les membres de toutes ces figures en cartonnage qui s'entassaient pêle-mêle, sans air, sans lumière, sans espace? Ce que signifiait enfin cet étalage de muscles vus à la loupe grossissante, tendus, gonflés hors de place et de proportion avec les corps et les membres sur lesquels on les a cloués ? A toutes ces questions que je m'adressais mentalement, j'entendais répondre tout haut : admirable, sublime, Raphaëlisé, M. Ingres s'est surpassé !

999. — *Portrait de Femme.*

Je ne puis croire que ce monstre, sans dessus de tête, aux yeux orbiculaires, aux doigts saucissonnés, ne soit pas la déformation perspective d'une poupée, vue de trop près, et réfléchie sur la toile par plusieurs miroirs courbes appliqués, sans ensemble à chacun des détails.

DAGUERRE.

402.

Ce paysage où l'artiste a cru mettre du soleil, a des tons crus et criards qui sont loin de cette harmonie que la nature étend sur ses contrastes les plus marqués, au milieu des accidens les plus variés du terrain et de la végétation, de la lumière et des ombres. Une décoration d'opéra, nous devons le dire au talent de M. Daguerre, supporte des tons hardis parce qu'ils se fondent et s'adoucissent aux lumières de la scène ; mais ces tons de convention, durs et fortement accentués dans leur disparate, ne sont pas supportables en plein jour.

GUÉ.

926 à 929.

Les réflexions qui précèdent avertiront M. Gué qu'il revient aux décors et que ses coulisses manquent de fonds. Le pont du Rialto à Vénise (927) n'est pas ressemblant du tout. Malgré le soin que le peintre a mis à faire du marbre de convention et les poteaux tortus et bariolés du canal, il n'y a pas cette teinte locale vénitienne que je n'ai jamais retrouvée dans aucune autre peinture que celle du *Canaletto*, dont j'ai vu des tableaux à Venise même.

JOLIVARD.

1042 à 1045.

Nous ne pouvons que répéter en 1834, à peu de chose près, ce que nous disions à l'artiste en 1827 ; à travers quelque crudité de tons verts dans les clairs, noirs sans transparence dans les ombres, dans les fonds, quelques découpures sans profondeur, il y a de la vérité dans l'ensemble, de l'imitation de nature et des beautés remarquables. Le tronc de l'arbre du coin de droite du premier plan (1042) s'agence désagréablement avec celui d'un arbre plus éloigné ; c'est de l'espace et du soleil surtout qui manquent dans ces paysages.

DAGNAN.

398 à 401.

Il y a de l'ensemble, de l'air, de la lumière, de la vérité dans *la vue de Paris prise sur le boulevart Poissonnière*. Les arbres y sont bien de forme, de modelé, de feuillé, et de ce ton un peu gris que leur donne habituellement la poussière; les maisons fuyent perspectivement comme le terrain. On peut voyager sur la chaussée, se promener dans les contre-allées, respirer partout. C'est une étude d'après nature, consciencieuse et réussie, où tout s'harmonise sans aucun artifice de palette, sans aucune convention de métier.

J'aurais désiré le soleil un peu plus élevé sur l'horizon; les ombres se fussent moins étendues, peut-être moins grises, et les Parisiennes, qui se lèvent tard, auraient pu mieux juger par elles-mêmes le mérite et la vérité d'un effet bien rendu sans aucune enluminure de convention.

L'ensemble de la *vue du pont St.-Bénézet sur le Rhône, effet de soleil levant*, est d'une finesse et d'une vérité qui prouvent que la nature a été consciencieusement étudiée. Je n'ose pas dire que je le désirerais plus monté de ton, les eaux moins bleues, car il est harmonieux et rend bien la fraîcheur du matin; la planimétrie des eaux ne laisse rien à désirer.

La *fabrique sur les bords de la Sorgue à Vaucluse, effet du soir*, et le *vieux hêtre de la forêt de Fontainebleau*, études les plus remarquables de cette exposition, et dans lesquelles je ne trouve à reprendre que quelques tons gris, un peu lourds, que je craindrais de voir revenir avec trop de complaisance sur la palette de M. Dagnan, constatent que ce paysagiste a marché à grands pas dans la route du vrai, et qu'il ne pastiche ni les anciens ni les modernes. S'il continue à rester lui-même, à copier hardiment la nature sans aucune convention, à la choisir dans ses plus belles lignes, dans ses plus beaux accidens de lumière, de nouveaux succès l'attendent infailliblement. Mais qu'il se méfie des éloges qui tendraient à l'éloigner de l'imitation constante d'une belle nature; car c'est avec la louange immodérée des écoles italienne et flamande qu'on a perdu bien des paysagistes français, et notre immortel Claude le Lorrain a toujours étudié la nature.

AMAURY DUVAL.

24. *Le Berger grec.*

Un jeune pâtre découvre un bas-relief antique sur le bord d'un ruisseau où il allait se baigner; souvenir de Morée.

Il y a sans doute erreur au livret; je n'ai vu sous ce n°. 24 qu'une espèce de momie sortie de son étui, qui gît auprès, dans le jardin d'un treillageur.

BERTIN (E.).

121. — *Paysage; souvenir de la forêt de Nettuno, dans les marais Pontins.*

Composition, dessin, couleur, tout est de convention et d'un faire si lâché dans cet incroyable paysage, où l'étrangeté des tons le dispute à l'absence de toute perspective linéaire et aérienne, que je ne sais comment le qualifier. Quels tableaux le jury peut-il donc avoir refusés?

BERTIN (V.).

122. — *Vue prise au lac de Pérouse.*

Dans ce paysage, qui malheureusement rappelle le poncif trop connu de M. Bertin, il y a noblesse de composition, pureté de dessin, ensemble enfin. Ces qualités réelles, dans un mensonge qui n'est pas sans quelque charme, rachètent la convention de couleur qui du moins n'est pas tout-à-fait contre nature et qui suit les lois de la perspective aérienne; elles font passer sur l'uniformité de la touche et le manque d'air dans les masses d'arbres.

ALIGNY, BODINIER, COROT, FORVÉTU.

16 à 19, 153, 162 à 164, 371 à 373, 740.

Les défauts rachetés chez M. Bertin par les qualités que nous venons de citer, sont outrés avec une déplorable exagération dans les paysages 16 à 19 de M. Aligny, 153 de M. Bodinier, 162 à 164 de M. Boisselier, 371 à 373 de M. Corot, 740 de M. Forvétu, qui ont tous un air de famille, quoique représentation de pays et de sites différens. Pourquoi, dans le n°. 16, le soleil qui se couche fait-il le contre-sens d'éclairer les terrains bas et non les sommités d'un grand arbre silhouetté? Pourquoi le ciel du n°. 162 est-il d'une enluminure si fausse et d'une transition si brusque de couleurs mal-ensemble? Pourquoi donc enfin s'obstiner à des teintes conventionnelles dans le paysage à l'huile? On ne les pardonne même plus à l'aquarelle qui, malgré son impuissance relative, commence elle-même aussi à rentrer dans la vérité de nature. J'allais oublier que les aquarelles 1944 à 1946, par M. Watelet, me donnent à cet égard un cruel démenti, et qu'il me faut citer, indépendamment de celles dont nous parlons spécialement, le n°. 74, *études d'animaux*, par M. Barye; les n°*. 12 à 15 par M*lle*. Alaux, le n°. 944 de M. Guet, et le n°. 244 par M. Burbank.

HESSE (A.).

975. — *Portrait de Femme.*

De l'ensemble, de l'expression, de l'harmonie de dessin et de couleur, du naturel dans la pose, n'est-ce pas ce qui constitue un bon portrait, un de ces portraits dont on peut affirmer la ressemblance sans même connaître le modèle? C'est avec plaisir que nous disons tout cela à M. Hesse; il nous semble si bien dans la route du vrai et du beau qui marchent toujours de compagnie, *quoi qu'on die*, que nous lui signalons un peu de lourdeur dans les fonds, quelque sécheresse dans le dessin, quelque convention dans les tons des chairs et des ombres.

BONNEFOND.

168. — *Portrait du célèbre mécanicien Jacquard.*

Du naturel et de la simplicité dans la pose, de l'expression, une heureuse exécution de l'ensemble et des détails, n'est-ce pas encore là ce qui constitue un bon portrait? Nous en félicitons M. Bonnefond, en l'avertissant de se méfier des détails trop rendus et qui nuisent à l'harmonie des masses.

LA RIVIÈRE.

1130. — *Portrait d'homme.*

Malgré l'incorrection du dessin, le roide de la pose, il y a de la vérité, et nous avons plaisir à le reconnaître, dans l'expression de la tête et dans le ton des chairs.

M. PÉRIGNON (ALEXIS-JOSEPH).

1493.—*Portrait du roi des Belges.*

Il y a de la ressemblance et quelque intention de vérité dans les carnations; la pose est roide et guindée, le bras gauche est cassé; le ton de l'habit est violâtre, et je suppose qu'il était bleu; que le peintre cherche la nature et non le pastiche; qu'il se méfie de sa facilité, il a chance de bien faire en étudiant.

ROUILLARD.

1694.—*Portrait en pied de M. le maréchal Soult, président du conseil des ministres.*

Il y a du naturel dans la pose, de l'accord dans l'agencement des lignes, une couleur qui n'est pas sans harmonie, quoiqu'elle soit loin cependant d'être tout-à-fait exempte de convention; le pantalon blanc est de pierre plutôt que d'étoffe. La ressemblance est exacte et pourtant le teint ne l'est pas; l'ensemble est néanmoins satisfaisant et peut le devenir davantage, si l'artiste réussit à reprendre quelques carnations, qui ne nous ont semblé qu'une ébauche très-avancée. En général on retrouve dans les portraits de M. Rouillard l'envie d'imiter la nature; qu'il se méfie de celle de viser à l'effet.

KINSON.

1086 à 1088.

Ces peintures nous semblent plutôt des ajustemens et des accessoires que des portraits; le pinceau, riche à profusion dans les détails, est mou dans la touche; la couleur toujours conventionnelle, affecte de préférence le violacé, gorge de pigeon; le dessin, incorrect le plus souvent, est toujours prétentieux dans sa roideur comme dans sa mollesse. Il faut pourtant du naturel avant tout dans un portrait, et pasticher LAWRENCE en outrant ses défauts n'est pas le moyen d'être vrai.

N'y a-t-il pas mille fois plus de naturel et de vérité dans les pastels de M. Giraux, Mlle. Gérard, Mme. de LÉOMÉNIL, née *Gérard*, qui s'étudient à rendre la nature qu'ils ont sous les yeux, que dans les portraits à l'huile de tous les pasticheurs classiques et romantiques?

CHAMPMARTIN.

300 à 305.

Même dessin, même couleur, même manière, et dans le n°. 303 tous les défauts de LAWRENCE sans aucune de ses qualités; à quoi bon ces six portraits, et puisqu'il est un jury, comment n'a-t-il pas vu qu'un seul échantillon de cette peinture était suffisant?

CLÉRIAN.

338 à 340.

Le nom du *Corrège* à propos de ce sec pastiche, 338, qu'il ne faut pas confondre avec le n°. 1810, même sujet par M. Tassaert; le nom de *Rembrandt* pour intituler cette toile, 339, salie de la bave d'un chiqueur : n'est-ce pas une amère dérision de la part du jury ?

M. DECAMPS.

469 à 473.

469. — *Marius...*

Il y a de l'ensemble dans ce tableau d'un ton chaud, vigoureux, harmonieux, mais qui n'est pas, il faut le dire, le ton de la nature; c'est un mensonge, d'une grande unité, d'une seule pièce, sans marquetterie disparate, et qu'on prendrait volontiers pour une bonne vérité; le ciel est lourd, les personnages sur les devans laissent beaucoup à désirer, il y a réminiscence trop évidente de Salvator Rosa; mais on voit une armée innombrable dans un champ de bataille immense, on l'y suit dans ses mouvemens militaires à travers les plis du terrain; cette pensée unique domine la composition, et nous serions tenté d'oublier les défauts pour ne parler que des qualités, s'il ne fallait signaler la moindre faute aux élèves qui trop souvent s'imaginent copier un maître en outrant ses défauts.

470. — *Un village turc.*

C'est le moins bien des trois tableaux exposés cette année par M. Decamps; les piliers y sont du même poil que les ânes.

471. — *Un corps-de-garde.*

Beau de couleur et d'effet; le gros Turc est d'une grande vérité de nature; l'homme accroupi est vivant et peut se relever; il y a du soleil dans le fond; le manteau blanc n'est-il pas un peu pierre? Je suis fâché que le coin du ciel soit lourd et d'un bleu mat; le tableau est trop bien pour que M. Decamps ne prenne pas le soin d'en faire disparaître cette tache bleue; je l'engage à aller examiner les n°s. 1894 et 1895 de M. Horace Vernet, afin de se convaincre par ses yeux de l'abyme où l'on s'enfonce dès qu'on ne travaille plus sur nature; il verra comme on tombe au-dessous de toute critique, quand on se croit au-dessus de tout éloge, ou qu'on abuse de sa facilité.

472. — *Lecture d'un firman...*

Cette aquarelle est d'une vigueur et d'une harmonie remarquables; elle est plus vraie de couleur que *les Baigneuses* (473), dont le ciel et les fonds sont lourds et d'un bleu noir; ces deux aquarelles sont pourtant bien, malgré des tons chauds de convention; mais que M. Decamps se méfie et de son talent à lui et des louanges des autres.

COLIN.

352.— *Le marché aux cheveux; mœurs de Basse-Bretagne au 19°. siècle.*

Il y a de la manière, de la convention dans le dessin et dans la couleur de ce tableau dont le ton général, et particulièrement celui du fond, pousse au noir; mais le sujet est spirituellement rendu; l'agencement de la scène n'est pas sans mérite de composition; la couleur ne manque pas d'harmonie; et ce sont ces qualités réelles qui nous font espérer que M. Colin viendra franchement à l'étude d'une belle nature. Dans le portrait n°. 355, si le costume est de la Colombie, à coup sûr le ciel et le paysage n'en sont pas; ce portrait cependant n'a pas l'air d'une mauvaise plaisanterie comme le n°. 1394 de M. Moench, intitulé: *Portrait équestre de M. N*** en costume mexicain moderne.* Puisqu'il s'agit de plaisanterie, n'en est-ce pas une du jury que les Pygmalions 201 et 1269?

MONTVOISIN.

1399.—*Jeanne, dite la loca ou la folle, reine de Castille.*

L'agencement de la composition n'est pas heureux; le groupe se forme triangulairement dans l'ouverture triangulaire laissée par le rideau; le moribond Philippe, fût-il tout-à-fait mort, ne peut pas avoir la tête détachée des épaules, comme le peintre la lui a faite, et l'on cherche ses pieds à raison de l'incohérence des lignes et de la couleur perspectives; Jeanne, quoique folle, a les yeux par trop mélodramatiquement hagards; les tons de convention dans les chairs, dans les habillemens, dans les ajustemens, ne manquent cependant pas de quelqu'harmonie de couleur, qui nous font espérer que le peintre finira par entrer dans les voies du vrai et du beau, l'imitation d'une belle nature.

JOLLIVET.

1046.—*Philippe II.*

Une ⌐ couchée ainsi, deux II au-dessus d'un ↄ à la droite, un K à sa gauche, voilà pour la composition des lignes; je n'ai rien à dire de la couleur et de l'effet général après cela; cependant il est juste de reconnaître qu'il n'y a pas désharmonie ou désacord de tons dans ce tableau, non plus que dans le n°. 1133, par M. Latil ; ce sont deux conventions différentes pour la couleur. Ne vaudrait-il pas mieux toute l'harmonie d'une couleur vraie ?

CABAT, ANDRÉ, DUPRÉ, FLERS, BENOUVILLE.

252 à 256, 30 à 33, 624 à 627, 718 à 720, 105 à 106.

Tous ces paysages se ressentent d'une étude plus ou moins heureuse de la couleur flamande, et c'est là sans doute ce qui leur donne cet air de famille qui nous les a fait comprendre dans un même article, afin de ne pas ennuyer le lecteur de répétitions fatigantes. Les n°s. 718 à 720 nous semblent se rapprocher plus de la nature, et le n°. 719 prouve que M. Flers est en état de la copier maintenant et de ne plus pasticher. Le n°. 255 est d'un ton noir impossible ; en général, dans les paysages 252 à 256 de M. Cabat, les eaux sont d'une couleur en désaccord avec l'état du ciel, qui ne fait pas assez la voûte, et dont les nuages sont bien lourds : quand il étudiera sur nature, qu'il ne la regarde pas à la glace noire dont je le soupçonne de faire abus.

Le n°. 624 de M. Dupré est d'un gris tapisserie qu'il ne doit pas prendre pour de l'harmonie de couleur. Les n°s. 30 à 33 de M. André annoncent des velléités de vérité de nature, et la *vue des environs* d'*Argenton-sur-Creuse* nous paraît supérieure à toutes celles de M. Cabat.

Au lieu de pasticher les anciens, au lieu de composer un tableau avec une marquetterie de réminiscence, et même de plusieurs tons saisis sur nature, ce qui ne paraît pas aussi difficile qu'on serait tenté de le croire, puisque voilà, de compte fait, dix-huit tableaux de ce genre exécutés par cinq paysagistes différens, que nos peintres français travaillent en conscience d'après une belle nature, chaque artiste restera lui-même, et l'art y gagnera; car, débarrassé de toute convention, il se maintiendra dans la vérité.

ISABEY (E.), MORIN, LEPOITTEVIN, CASATI.

1002 à 1008, 1423 à 1427, 1245 à 1253, 286 à 291.

1002 à 1008. Beaucoup de main, une couleur lourde et toute de convention, une véritable débauche de pinceau, prouvent que le peintre s'éloigne tout-à-fait de la nature, qu'il ne se donne même plus la peine d'étudier. Nous espérons encore que ce n'est pas sans retour qu'il s'est fourvoyé dans une mauvaise route, quoique la vue prise en Bretagne (1005), qui nous rappelle involontairement le jeu des enfans, *la tour, prends garde*..... nous le fasse craindre; en général, dans ce même genre de convention de faire et de couleur, où paraissent s'être engagés avec lui MM. Mozin (1423 à 1427), Lepoittevin (1245 à 1253), Casati (286 à 291), M. Isabey a trouvé moyen de faire plus mauvais que les autres. Dans le n°. 1243, *scène de sauvetage*, de M. Lepoittevin, il y a de l'eau, et c'est un mérite réel qui doit l'encourager à ne travailler que d'après nature et consciencieusement. Je n'appelle pas travailler sur nature, entendons-nous bien, aller avec une palette toute faite, copier, au lieu de la nature qu'on a sous les yeux, celle qu'on a dans la tête et dans ses habitudes d'atelier, non plus que de peindre ce qu'on a sous les yeux, sans prendre garde que le soleil marche et que la nature varie d'aspect, non-seulement du matin au soir, mais encore suivant le jour, à la même heure du matin ou du soir.

Quant au n°. 1252, il faut bien dire que c'est un mauvais pastiche de Wateau, et qu'il porte une étiquette témoignant de son achat par la société des amis des arts.

GOUREAU.
882 à 892.

C'est parce que nous reconnaissons dans tous ces paysages une intention de copier la nature, que nous signalons à l'artiste des tons d'un bleu trop intense, qui reviennent habituellement dans les fonds et qui nuisent à la vérité; le n°. 885, dans lequel ces bleus poussent jusqu'au violet, n'a pas non plus la dégradation de couleur qu'indique la dégradation perspective des lignes.

TUITE.

1858. — *Vue du château de Dumbarton, sur la Clyde en Écosse; marine.*

Les eaux ont du mouvement et de la vérité ; c'est de l'eau dans laquelle on peut plonger. Ce mérite, cette vérité de nature, qui me charme dans les moindres détails où je la retrouve, me rend de mauvaise humeur contre le désaccord de l'ensemble, contre la sécheresse des fonds qui se découpent aigrement sur un ciel d'un ton cru de convention.

PERROT (F.).

1509. — *Naufrage du navire anglais* l'Amphitrite.

Il y a pourtant quelque vérité dans les eaux de ce grand bol de punch ; mais c'est une beauté de détails noyée dans le fatras de l'ensemble.

GRANET.

905. — *Le Poussin, avant d'expirer, reçoit les soins du cardinal Massimo et les secours de la religion.*

Ce tableau, sagement composé, a de l'ensemble et de la vigueur de coloris ; la lumière et les ombres y sont habilement harmonisées ; le sujet s'explique naturellement et sans embarras. Mais ces qualités réelles ne peuvent nous imposer silence sur quelques observations que nous soumettons à l'artiste capable d'avoir conçu cette composition et de l'avoir heureusement exécutée.

Le dessin n'est peut-être pas d'une sévérité assez correcte pour les admirateurs du talent du Poussin; quelques membres, trop également ronds, tournent par des filets de lumière et non par la franchise du modelé; il y a trop de noir dans certaines parties du fonds, un peu de convention dans les tons des chairs, et quelque artifice trop évident dans les oppositions de couleur. Quant à l'effet général de la scène, il est vrai, car il émeut et fait penser.

906. — *Captivité de Vert-Vert après son retour au couvent des religieuses de la Visitation.*

Est-ce la faute du sujet ou celle de l'auteur si nous n'avons rien à dire de ce tableau?

GRENIER.

909. — *Petits voleurs de bois arrêtés par un garde-chasse.*

Il y a de la douleur dans la tête de la jeune fille et dans toute sa pose, du naturel dans celle des enfans; le garde-chasse pose théâtralement, la couleur a plus de convention que de vérité, le paysage est mauvais, et cependant tel est l'effet immanquable d'un peu d'ensemble et d'harmonie dans une composition, que celle-ci ne manque pas d'un certain charme.

L'enfant retrouvé, n°. 910, a dans la figure une telle expression de vérité, que l'on se fâche contre un paysage de convention qui vient ôter à la scène une partie de son illusion. Que M. Grenier se méfie de la répétition des mêmes sujets, des mêmes poses et du même effet.

GUDIN.

917 à 925.

Plus de finesse de tons, plus de transparence, plus de nature, plus de vérité; de la convention, de la manière, de l'enluminure sans aucune perspective de lignes ni de couleur : voilà pourtant où la facilité de M. Gudin et les louanges exagérées l'ont conduit. Nous faisons des vœux pour que cet artiste, que le caprice même de la mode abandonne, revienne à la nature dont l'étude avait jadis fait ses premiers succès. La *vue de Venise*, n° 918, ne ressemble en rien au ciel de Venise, ni à ses palais, ni à ses maisons, ni à ses eaux; c'est du fer-blanc, c'est du cuivre bariolé de toutes les couleurs de l'iris peintes avec des touches plus ou moins hardies; mais à coup sûr il n'y a là ni air ni lumière, et pourtant c'est presque un chef-d'œuvre en comparaison du n°. 922, et de la chapelle n°. 924.

BEAUPLAN.

91. — Vue prise aux environs de Paris.

Il y a intention évidente de rendre la nature; malheureusement cette nature n'est pas bien choisie; mais il y a réellement, malgré quelque mollesse d'exécution, de l'étendue, de l'espace, de l'air enfin qui manque si complétement aux n°˚. 1125 à 1127, par M. Lapito; aux n°˚. 702 à 708, par M. Féréol; aux n°˚. 991 à 993, de M. Huet; aux n°˚. 1339 à 1342, d'un jaune gris uniforme dans sa découpure, par M. Marilhat; au n°. 1013, de la procession fantasmagorique des vaches, par M. Jadin, mensonge qui ne manque ni d'unité ni de vigueur.

RAMELET.

1596.— Vue prise en Normandie.

Je n'excuse certes pas la crudité d'un ciel aussi bleu, non plus que la sécheresse d'une découpure aussi tranchée sur les fonds; mais enfin il y a travail évident, quoique non réussi, sur nature. Le peintre ne peut pas ignorer cependant, quand il voit l'âpreté de certaines couleurs, de certains contrastes, l'insuffisance de la palette pour rendre les teintes lumineuses du ciel; et il devrait calculer les modifications que le ton moins éclatant du ciel peint doit apporter à la vigueur des lointains, afin de conserver sur le tableau l'harmonie et l'ensemble de la nature.

VERNET (Horace).

1894. — *Arrivée de Mgr. le duc d'Orléans au Palais-Royal, le 30 juillet 1830.*

C'est l'enseigne du bas bleu, prétendent les bonnetiers en gros, et il fait jour; c'est l'enseigne du bas tricolore, soutiennent les bonnetiers en détail, et il fait nuit; c'est l'enseigne du bas rouge, disent les ouvriers bonnetiers, et le réverbère est allumé : — ils ont raison les uns et les autres.

1895. — *Scène d'Arabes dans leur camp, écoutant une histoire.*

Quelques connaisseurs affirment que si le paysage est tout-à-fait mauvais, il y a du vrai dans les têtes des bons hommes. A quoi servirait d'entamer une discussion à ce sujet? Il y a pourtant du talent même dans les plus mauvaises productions de cet artiste; quel malheur de le voir si mal employé!

ROQUEPLAN.

1676 à 1681.

Le n°. 1678, *vue d'Italie soleil couchant*, n'est certes pas nature, mais il y a de l'unité et un certain charme dans ce mensonge.

Le n°. 1679, *un vieil amateur de curiosité malade et endormi dans son cabinet*, me semble le meilleur des quatre tableaux exposés cette année par M. Roqueplan, excepté cependant les chairs qui sont loin d'être nature, soit dans l'ombre, soit dans la lumière.

Quant au n°. 1676, *une scène de la St.-Barthélemy*, le sujet n'est pas compris de dessin. Diane rappelle les compositions de Watteau, Mergy, l'école vénitienne dans sa décadence; et l'abus d'une couleur de convention saute aux yeux. Je ne sais ce qui donne à ces deux tableaux un aspect rougeâtre, qui n'est pas de l'harmonie, mais qui vaut mieux cependant que des tons criards : pourquoi M. Roqueplan ne délaisserait-il pas toute convention pour copier la nature et faire beau et vrai ?

SARAZIN DE BELMONT.
1736 à 1741.

Il y a conscience, étude évidente sur la nature dans tous ses paysages, dont les fonds sont vrais et bien réussis; mais les plans intermédiaires ne sont-ils pas trop du même ton, du même faire que les premiers plans ? La touche, d'ailleurs vigoureuse, n'est-elle pas un peu égale, n'y a-t-il pas quelque tendance encore à des tons violacés un peu de convention ? Nous soumettons ces observations à une artiste capable de nous comprendre. Le n°. 1740 est d'une vérité d'ensemble trop satisfaisante pour ne pas annoncer de nouveaux progrès.

EMPIS (Mme.).

666 à 669.

Si Mme. Empis abondonnait toute convention Watelet pour copier la nature, elle y gagnerait à coup sûr; nous osons le lui prédire, avec la confiance que son talent assurera le succès.

GIROUX (A.).

858 à 860.

Il y a beaucoup de convention et de papillotage dans ces paysages; les tons violets et bleus s'y tranchent d'une trop rude manière pour qu'il puisse y avoir harmonie d'ensemble; mais, avec l'étude du dessin et de la perspective, avec la vigueur et l'éclat du pinceau qui s'y font remarquer, il est impossible que M. Giroux n'arrive pas à bien copier la nature quand il le voudra sérieusement.

TANNEUR.

1808. — *Marine, clair de lune, intérieur d'une rade.*

Il y a de l'intention d'harmonie d'ensemble, des tons fins dans le ciel, et quoique la couleur ait plus de convention que de nature, quoique les détails ne se fondent pas assez dans les masses, quoique le ciel ne se voûte pas assez parce qu'il a les mêmes nuances au zénith qu'à l'horizon, quoique la forme des nuages soit trop également indécise dans les divers plans de l'espace, le tableau ne manquerait pas d'un certain prestige, si le reflet principal, qui devait être placé autant au-dessous de l'horizon que l'astre est au-dessus, n'enlevait, par sa position impossible, toute illusion perspective.

1809. *Marine.* — La forme toujours trop indécise des nuages rappelle celle du n°. 1808. Mais il y a dans ces deux tableaux des espérances de succès pour l'artiste, s'il veut se livrer à l'étude consciencieuse de la nature au lieu de viser à l'effet.

SCHEFFER (Aimé).

1752. — *Eberhard, comte de Wirtemberg, dit le larmoyeur.*

L'effet général est satisfaisant, le sujet s'explique bien, la scène est naturelle et d'un si bel accord, que rien ne trouble l'attendrissement involontaire qu'elle fait éprouver. Il est impossible, en voyant la tête du jeune homme qui vient d'expirer, qui gît là, mort, pour ne plus se relever, de ne pas partager le chagrin et la triste contemplation de ce vieillard immobile et pleurant. Peut-être ne voit-on pas assez qu'il y a un corps mort dans cette armure ; quelques tons de la tête du vieillard, malgré les rugosités que la peau acquiert avec l'âge, ne sont peut-être pas exempts d'une certaine convention de couleur ; mais il y a réellement de l'harmonie de dessin et de couleur ; ce sont des qualités trop rares pour qu'on ne leur donne pas publiquement et franchement les éloges qu'elles méritent, en rappelant sans cesse les artistes, qui doivent les comprendre, à l'étude de la nature.

1751.—*Médora.* La tête et le cou sont bien tout-à-fait, d'une expression naturelle, d'un ton fin, d'une carnation à la fois idéale et vraie ; il est impossible de ne pas réfléchir, après avoir vu cette tête, et de ne pas la regarder encore. Mais la main droite est appliquée trop à plat sur la tête, ou, pour parler plus juste et me faire comprendre de M. Scheffer, vue d'un profil trop exactement géométrique, qui ne permet pas d'en saisir le galbe ; la jupe rouge est lourde et sans souplesse ; les fonds et la mer sont bien bleus ; pourquoi M. Scheffer, s'il reconnaît la justesse de ces observations, ne corrigerait-il pas ces taches légères, qui me semblent déparer un tableau d'un effet général harmonieux et satisfaisant ?

1755. *Portraits, même n°.*—Le velours de la robe rouge est d'un ton criard, par rapport au reste du portrait dont elle détruit l'harmonie.

SCHEFFER (H.).

1754 à 1755.

Le portrait 1754 et la tête d'étude 1755 annoncent un pas trop réel dans la route du beau et du vrai, pour que nous n'engagions pas l'artiste à rester lui-même, à se méfier de toute manière, de toute convention, de tout système, à persévérer dans cette peinture consciencieuse, imitation de la nature où tout s'harmonise, dessin et couleur, pour contribuer à l'effet de l'ensemble. Il y a peut-être un peu de blanc dans la lumière du front de M. Desbeufs, et les sourcils semblent se confondre trop avec l'ombre des paupières.

PICOT, ROUGET, DECAISNE.

1533, 1691 à 1693.

Tous ces portraits ont à la fois une couleur de convention dans l'ensemble et des tons vrais dans les détails, bizarrerie que je ne puis m'expliquer, qu'en supposant qu'après avoir composé l'ensemble, on a étudié les détails sur nature et remanié le tout ensuite sans modèle. Le n°. 467, par M. Decaisne, semble enluminé après coup.

SCHNETZ.

1759.—*Combat de l'Hôtel-de-Ville, 28 juillet 1830.*

Ce ne sont pas les grandes toiles qui font les grands tableaux, mais il est plus difficile d'exécuter grand comme nature, ou au-dessus de nature, que de mettre de l'ensemble et de l'harmonie dans un petit cadre. Cette réflexion s'applique entièrement à la peinture que nous examinons; elle ressemble malheureusement au tableau final d'un mélodrame après la sortie des spectateurs; et pourtant il y a de la vigueur de coloris et de la science du dessin dans tout cela.

BLONDEL.

147.—*Le Triomphe de la religion sur l'athéisme.*

Puisque nous avons parlé de la difficulté des grandes toiles, nous devons tenir compte du torse du mourant qui est bien de modelé, quoique d'une couleur plutôt conventionnelle que nature. La composition d'ailleurs rappelle trop l'Oreste sur les genoux de sa sœur, par M. Picot.

BRULOFF.

251.—*Le Dernier jour de Pompéi.*

Commençons par déclarer que l'effet général est manqué, qu'il y a plus de convention que de vérité dans cette peinture hasardée; mais reconnaissons pourtant que le mérite de quelques détails donne de l'espérance, si le peintre, en abandonnant toute convention, consent à travailler beaucoup sur nature. Nous dirons la même chose du n°. 1585, par M. Quecq, quoique la femme, dont les jambes sont plus que lâchées, ait l'air de demander aux regardans : Comment me trouvez-vous morte ?

Nous voudrions pouvoir en dire autant des n°s. 272 et 273, par M. Caminade; des n°s. 519 et 520, par M. Delorme; du n°. 381, par M. Court, dont le portrait, 382, est d'ailleurs bien; du n°. 940, par M. Paulin Guérin; du n°. 967, par M. Heim; du n°. 896, par M. Goyet, dont le portrait, 898, a de la chaleur et du mouvement.

Pour faire comprendre jusqu'où peut aller le compassé conventionnel de dessin et de couleur, nous sommes forcés de citer le n°. 1437, par M. Navez; pour noter le ridicule de ce qu'on appelle le classique, nous citerons malgré nous le n°. 1393, par M. Misbach, *Cléonide et Cléombrote*, qu'il n'y a pas de mal d'ailleurs à aller voir, ne fût-ce que pour s'assurer qu'un jury de réception ne sert à rien. A ce propos, nous indiquerons *la main sur les fruits*, du n°. 699, par M. Feraud; *le curé et le mort*, du n°. 1419, par M. Mouchy; le paysage, 893, par M. Goutay.

GARNEREY.

800. — *La Pêche du maquereau.*

La voile est de cuir, la mer de marbre jaune, tout est convention, ensemble et détails; pourtant il me semble que le peintre pouvait faire nature, et qu'il n'en est aussi loin, que parce qu'il vise trop systématiquement à l'effet.

DESTOUCHES.

538 à 540.

Je me suis d'abord éloigné de ces tableaux, parce que le pastiche m'est toujours déplaisant, en ce qu'il outre les défauts du maître sans en avoir les qualités, et que les n°°. 538 et 539, qui affectent le CREUZE, sont d'une touche plus molle d'un coloris plus conventionnel et plus froid que celui du maître qu'ils rappellent; mais je m'en suis rapproché, parce que les poses sont naturelles, et qu'à force de rechercher la naïveté, le peintre la trouve quelquefois. Le n°. 540, le *Soldat obligeant*, malgré la mollesse de la touche et la froideur du coloris, a du naturel et du bonheur, sinon de la vérité dans la composition.

Exempt de ces défauts, le n°. 1299, *soldats jouant à la porte d'une prison*, par M. Loubon (E.), a toutes ces qualités avec plus de vérité de nature.

RÉMOND, COIGNET (J.), CONSTANTIN, DANDIRAN.
1615, 1616, 348, 343, 408.

1616. — *Vue du lac de Venise* et d'une *partie du lac Majeur*.

Ce paysage, où le ciel, les arbres, les terrains, sont de la même touche, où les couleurs jaunes et vertes du chrôme sont prodiguées de manière à fatiguer l'œil, est un désagréable pastiche, qui rappelle seulement les défauts de Michalon, comme le rappelle aussi le n°. 348, par M. Coignet (J.).

Les paysages 1068 par M. Jugelet, et 1577 par M. Poupart, sont d'une convention moins éloignée de nature.

Quand on s'éloigne systématiquement de la nature, c'est pourtant avec de la convention, des tons crus et de la main qu'on arrive au burlesque du n°. 363, intitulé *Études*, par M. Constantin, sans même s'arrêter au vert-de-gris uniforme du n°. 408, par M. Dandiran.

COURTIN.
383, 384.

Puisque la perspective linéaire est familière à M. Courtin, pourquoi n'aborderait-il pas franchement les tons vigoureux de la nature, au lieu de la pâle froideur d'une couleur de convention?

MALBRANCHE.

1321 à 1326.

Ne serait-on pas tenté d'écrire MAUVAIS en aussi grosses lettres que l'est sur les cadres le nom du peintre sans aucune réflexion, car c'est une peinture désolante, tout-à-fait contre nature ; une orgie de couleurs de convention. Je citerai, comme le plus étonnant pour la fausseté des tons et des lignes, le n°. 1322, où s'étale pompeusement au milieu du cadre une perruque vert-blanc jaunâtre ; mes complimens au doreur du beau cadre 1325.

PERLET.

1494. — *Le réfectoire des Frères Chartreux.*

Il y a de l'intention de vérité dans ce tableau qui rappelle Le Sueur. Les ombres se découpent sèchement, quelques tons de chair sont encore de convention ; le lecteur grimace peut-être un peu, mais il y a de l'ensemble, et cette qualité rachète bien des fautes de détail.

RONJON.

1675.— *Jacques-Clément et le prieur.*

J'aime mieux le naturel trivial, si l'on veut, des Charteux dont nous venons de parler, que la prétention de ces grandes figures et de cette couleur conventionnelle d'un ton noirâtre et uniforme ; cela, cependant, ne m'empêche pas de reconnaître, outre le mérite de quelques détails, celui du choix d'un sujet plutôt indiqué que rendu, il est vrai, mais enfin éminemment convenable à la peinture.

SIGNOL.

1779.— *Noé maudissant son fils.*

Et je maudis, moi, cette affreuse couleur de convention de l'école de Rome, qui ne me permet pas, dans tout ce jaune d'une uniformité désespérante, de m'arrêter à rechercher le mérite du dessinateur.

BEAUME.

88. — *Derniers momens de la grande Dauphine.*

La composition s'explique sans effort ; elle est simple, convenable, attendrissante ; il y a de la douleur dans la tête de la mourante, du naturel dans sa pose et dans celles de presque tous les personnages ; enfin la scène émeut, mais l'ensemble ne serait-il pas encore plus satisfaisant sans les deux marionnettes de profil, l'une en bleu, l'autre en rouge, sans la mollesse de la touche et l'uniformité d'une couleur de convention ?

89. *Une Chasse au marais* ne manque pas d'un certain charme, comme mensonge harmonieux, au moins, sinon comme vérité ; les arbres et les eaux sont loin d'être bien.

DE BEZ.

449 à 456.

Une découpure sèche et lisse, une couleur grise et d'une fade monotonie, de la prétention et de la manière partout, de la nature nulle part, voilà pourtant ce que montre une peinture d'amateur, n°. 452, au plus beau jour, dans le grand salon.

DUBOIS-DRAHONET.

569 à 573.

Ce n'est pas ma faute si mon œil s'est arrêté sur ces marionnettes en uniformes, sèches, guindées, de toutes couleurs, mais il s'en est vite détourné, et à coup sûr on ne l'y reprendra plus.

FLEURY (L.).

722.—*Vue de Bruxelles, prise de la place du palais du roi.*

Nous croyons ce paysage une étude d'après nature; du moins il ne manque pas d'une certaine vérité, quoiqu'il y ait encore bien des teintes conventionnelles dont le peintre semble avoir quelque peine à se débarrasser, malgré son intention évidente de copier la nature.

MERCEY (Frédéric).
1370 à 1375.

Nous avons remarqué avec plaisir les tons vrais du ciel et des premiers plans dans la marine, 1371; mais celle n°. 1373 est d'une cruelle crudité; 1372 est d'une sécheresse bien dure, et 1374, qui porte l'étiquette *Société des amis des arts*, est assurémeut le plus mauvais de ces six tableaux.

DUBUFE.
578 à 593.

Non, il n'est par possible que tous ces modèles, et il y en a seize bien comptés, hommes et femmes, aient tous affecté le même air coquet, la même pose théâtrale, qu'ils aient tous le même teint, je dirais presque les mêmes chairs; c'est donc bien décidément la faute du crayon qui ne sort pas d'un même système de pose et de contours, aussi bien que celle du pinceau qui reproduit une même convention de couleur. Il y a pourtant dans le portrait n°. 579, outre la ressemblance qui doit être exacte, une certaine vérité de nature ; les n°⁸. 581, 185, sont agréables, indépendamment de la ressemblance, qui peut-être n'est pas idéale, et dans ces portraits il y a de l'harmonie d'ensemble et des tons moins faux que dans les autres ; pourquoi donc l'artiste ne reviendrait-il pas à un dessin et à une couleur plus vrais ?

Nous engageons M. Rubio dont le portrait 1707 a ces qualités, à se méfier des éloges que l'on pourrait donner aux défauts que nous venons de signaler.

Nous nous permettrons d'adresser la même supplique à Mme. Haudebourt Lescot, surtout à l'occasion du n°. 961, qui montre des intentions de nature. Le zéphyr 959 n'est pardonnable sous aucun rapport.

Nous citerons avec plaisir le portrait 871, par mademoiselle Godefroy, parce qu'il a de la vigueur et de la vérité. Le portrait 491, par madame Dehérain, participe de ces qualités que je ne retrouve plus dans la mollesse du n°. 490, *le Christ au jardin des Oliviers*.

On peut voir par le relief et la vie qu'a su donner M. Degeorge à la *Petite Fille des environs du Puy-de-Dôme*, 486, que la vigueur du coloris n'exclue pas l'harmonie d'ensemble, et que la grâce et la naïveté ne sont pas de la prétention.

DUCORNET.

576 à 578.

Ce n'est pas seulement parce que ces tableaux sont peints avec les pieds d'un artiste né sans mains, que nous les remarquons, c'est aussi parce qu'il y a de l'intention de faire bien, et même de la réussite.

DAUZATS.

434. — *Vue de la cathédrale de Sainte-Eulalie, de Barcelone.*

Cet intérieur est d'un coloris chaud, d'un ton solide, vrai d'effet, d'un ensemble harmonieux et satisfaisant; je voudrais bien n'avoir pas à lui reprocher quelques aplombs indécis, et surtout une double courbe ogive tout en haut, à gauche, manquant de justesse perspective.

RENOUX.

1629 à 1635.

Je sais bien que les églises sont quelquefois badigeonnées à neuf, avec des nuances grises ou jaunes, d'un cru désespérant pour le peintre d'intérieur; mais il faut attendre alors, pour copier le badigeon, que l'air et le temps lui aient enlevé sa crudité de tons. La perspective des voûtes en arête de cloître produit des courbes difficiles à bien rendre dans leur raccordement, je le sais bien aussi; mais il ne doit y avoir aucune difficulté de perspective pour un peintre d'intérieur, et il ne lui est pas pardonnable de manquer à l'aplomb des verticales; cette dernière réflexion s'applique au n°. 1633. Il faut aussi que la perspective aérienne au-dessous de l'horizon s'accorde entièrement, pour les mêmes lignes fuyantes, avec la couleur au-dessous de l'horizon. Il y a d'ailleurs de l'espace, de l'air, de la lumière, de la vérité, enfin, dans ces intérieurs; le n°. 1630 est d'un ton chaud; mais c'est à raison de ces qualités, si précieuses à conserver, que nous avertissons l'artiste de se méfier de la répétition des mêmes touches et des mêmes tons.

BOUTON.

208. — *Vue intérieure de l'église de la ville d'Eu.*

La couleur est monotone et d'une convention chocolat qui ne peut être la couleur de la pierre; soit que la colonne torse manque d'aplomb, soit que l'arcade coupée tombe, il y a là quelque chose qui gêne l'œil. En général ce tableau n'est pas satisfaisant, c'est une erreur, mais c'est encore celle d'un homme de talent qui peut la réparer quand il le voudra.

BELLANGÉ.

94 à 99.

96. — *La Visite du curé.* Ce tableau, qui nous semble le meilleur de ceux exposés cette année par l'artiste, a de la naïveté, du naturel, et moins de sécheresse que les autres; les poses y sont vraies et franches; le coloris en est satisfaisant, je parle des figures, et non des fonds du paysage, qui sont d'une fausseté déplaisante, car il ne faut pas que l'artiste s'imagine faire de l'harmonie de couleur, en étendant de toutes parts une même nuance grisâtre comme dans le n°. 95; dans ce dernier, mettant à part la convention du ton général, on remarque avec plaisir l'agencement des masses, la vérité d'action et de mouvement de presque tous les personnages. Le n°. 94 est de beaucoup au-dessous de la grandeur du sujet.

MAUZAISSE.

1361. — *Le roi, en 1831, sur le champ de bataille de Valmy.*

La composition ne manque pas d'agrément, quelques détails ont du naturel de dessin; le maire et tout le groupe près du sapeur à figure avinée rappellent un coloriste; quelques têtes sont d'un beau caractère; mais l'ensemble et la couleur du paysage sont affligeans, surtout comme peinture d'un artiste qui souvent a fait preuve de talent.

REDOUTÉ, CHANTEREINE (M.ᵐᵉ).

1606, 306.

Si M. Redouté dans son *Offrande à Bacchus*, 1606, est resté au-dessous de lui-même, surtout pour une couleur plus lourde, moins harmonieuse et moins vraie que sa couleur habituelle, l'une de ses élèves, M.ᵐᵉ Chantereine, a exposé un bouquet, 306, dans lequel on trouve une harmonie d'ensemble d'autant plus remarquable, qu'elle manque généralement aux fleurs exposées cette année; le modelé des fleurs est senti, les ombres sont transparentes, mais le fonds n'est-il pas un peu noir?

FRADEL (de), MEURET, MIRBEL (M.ᵐᵉ Lizica de), SAINT.

772, 1384, 1391, 1713.

Ces miniatures nous ont paru remarquables entre tous les portraits du même genre exposés cette année; celles n°. 772 ont beaucoup de finesse de tons, et si elles ne manquaient pas un peu de modelé, nous les préférerions à celle n°. 1391, de M.ᵐᵉ de Mirbel, dont quelques-unes, nous sommes forcé de le lui dire, nous semblent moins bien qu'elle ne fait ordinairement. Les nᵒˢ. 1384 ont de la vérité de nature et de la bonhomie, mais elles manquent de tournure.

L'homme à la canne, sous le n°. 1713 par M. Saint, nous a paru d'une touche franche et d'un coloris vrai.

ISABEY père.

1000. — *Le Portrait du roi.*

Cette aquarelle, que le peintre a cru sans doute monter de tons, est d'un rouge désagréable dans les chairs, l'agencement des lignes n'est pas heureux et la couleur n'est pas vraie; le portrait de la robe rose, 1001, a de la grâce dans la pose et quelque harmonie de couleur; mais dans toutes ces aquarelles il y a de la recherche, de la convention, un manque de naturel enfin.

STEUBEN, DUBOIS (F.).

1798, 563 à 566.

1798. — *Etude de jeune femme en costume espagnol du* XVIIIe. *siècle; elle effeuille une marguerite.*

Ajustement, pose, couleur, affectation, tout rappelle involontairement le sourire déplacé d'une actrice qui n'est en scène qu'avec le parterre; ce n'est certes pas une nature qui grimace aussi prétentieusement que l'on doit prendre pour modèle; et je suis fâché d'en dire autant au n°. 565, par M. Dubois, qui semble pourtant vouloir essayer de faire bien.

LÉPAULLE.

1230 à 1240.

Quelque adresse de main, beaucoup de conventions contre nature, plus encore de prétentions maniérées; dans les n°°. 1230 et 1231, des paysages de toute impossibilité, des chevaux plus immobiles que les arbres; dans le n°. 1233, la plus froide enluminure de la plus pauvre lithochromie; et pourtant, dans le portrait de M. Lemaire, 1240, quelques tons de nature et du modelé, sans trop de raideur dans la pose; voilà pourtant tout ce que l'on trouve dans ces onze tableaux reçus d'un même peintre par le jury d'admission!

ZIEGLER.

1955, 1956.

Il y a dans le n°. 1955 une prétention colossale qui n'a permis aucune vérité de dessin et de couleur; il n'en est pas de même dans le n°. 1956, où l'armure prouve que l'artiste peut comprendre et imiter la nature morte; qu'il essaie donc la nature vivante.

Le livret du salon comprend cette année 1956 numéros; encore trouve-t-on souvent plusieurs tableaux sous un même numéro. Au milieu de cette foule de tableaux, nous avons examiné, dans les bons comme dans les mauvais, les qualités et les défauts qu'il nous semblait utile de signaler aux artistes qui veulent marcher dans la route du vrai et du beau ; écrivant dans l'intérêt de l'art, et non dans les intérêts des marchands de tableaux, nous n'avons pas voulu parler de ces peintures d'une convention ou d'une médiocrité désespérante qui abondent à l'exposition de 1834, comme partout ailleurs, et qui décidément ne font de mal à personne.

SCULPTURE.

La sculpture est peu nombreuse cette année ; en général elle nous a semblé bien faible et peu de morceaux sont à citer. *Le buste en marbre du docteur Eynard*, 2102, par M. LEGENDRE-HÉRAL, se fait distinguer entre tous les autres bustes par une expression convenable et une franche exécution. La pose du *soldat de Marathon*, 1991, par M. Cortot, est naturelle ; elle ne manque ni de noblesse ni de vérité, et cependant il y a quelque chose de lourd dans cette sculpture. *Le satyre et la bacchante*, 2121, par M. Pradier, est un groupe mal disposé, d'une nature à la fois commune et maniérée ; les deux bustes du même sculpteur sont loin d'être bien ; celui de Cuvier, 2123, est désagréablement ossifié.

Le Satan, 2037, par M. FEUCHÈRE, est une composition originale, dont l'exécution laisse d'ailleurs beaucoup à désirer. La *siesta*, 2045, par M. Foyatier, est d'une pose un peu coquette, mais qui pourtant ne manque pas d'un certain abandon et d'une grande pureté de ciseau.

Daphnis et Chloé, 2125, par M. Ramus, est un

groupe gracieux et bien disposé. *Le Cheval sauvage et le Tigre*, 2047, par M. Fratin, est une composition qui ne manque ni de mouvement ni d'originalité; quant à la vérité, nous n'en pouvons juger, n'ayant jamais eu l'occasion de voir un tigre mangeant un cheval, et encore moins un cheval mangeant un tigre.

FIN.

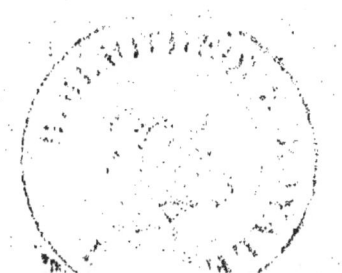

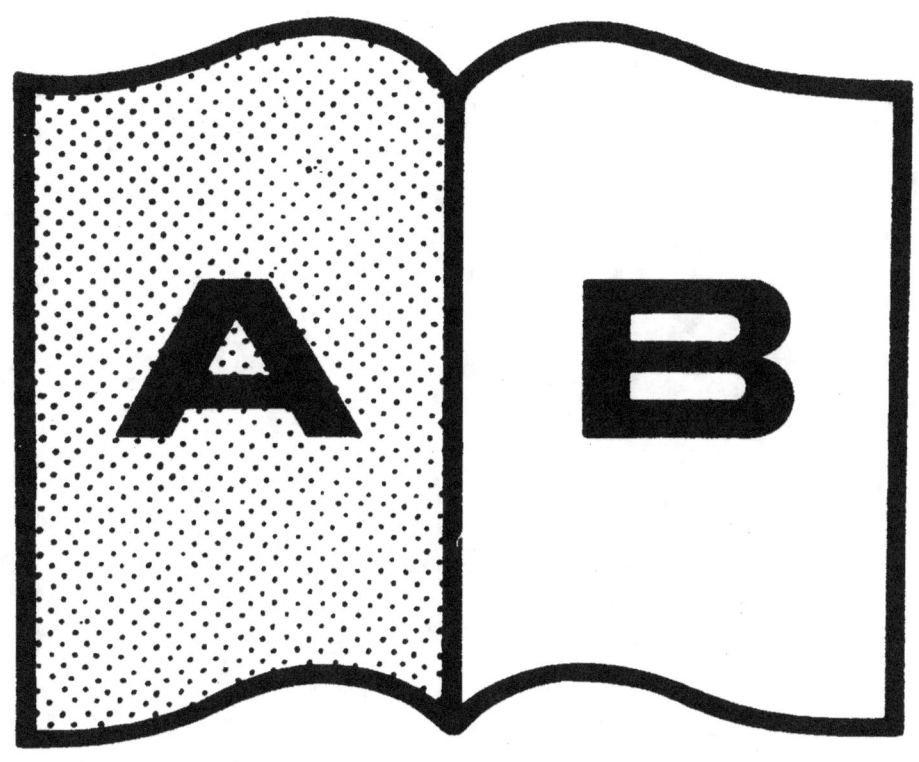

Contraste insuffisant
NF Z 43-120-14

www.ingramcontent.com/pod-product-compliance
Lightning Source LLC
Chambersburg PA
CBHW030048230526
45471CB00003B/992